El caso del parque infantil

Análisis de datos

Andrew Einspruch

Créditos de publicación

Editora
Sara Johnson

Directora editorial
Dona Herweck Rice

Editora en jefe
Sharon Coan, M.S.Ed.

Directora creativa
Lee Aucoin

Editora comercial
Rachelle Cracchiolo, M.S.Ed.

Créditos de imagen

El autor y los editores desean agradecer y reconocer a quienes otorgaron su permiso para la reproducción de materiales protegidos por derechos de autor: portada Photo Edit/Tony Freeman; pág. 1 Photo Edit/Tony Freeman; pág. 4 Photolibrary Pty Ltd; pág. 5 Photolibrary Pty Ltd; pág. 7 Photolibrary Pty Ltd; pág. 8 Shutterstock; pág. 9 Photolibrary Pty Ltd; pág. 10 Getty Images Australia Pty Ltd; pág. 11 Shutterstock; pág. 12 Shutterstock; pág. 17 (izquierda) Corbis Australia Pty Ltd; pág. 17 (derecha) Shutterstock; pág. 18 Photolibrary Pty Ltd; pág. 19 Pearson Education Australia/Michelle Jellett; pág. 20 Alamy/Pablo Paul; pág. 21 Shutterstock; pág. 23 Photo Edit/Tony Freeman; pág. 24 Getty Images Australia Pty Ltd; pág. 25 Photolibrary Pty Ltd; pág. 27 Getty Images Australia Pty Ltd; pág. 28 Shutterstock.

Si bien se ha hecho todo lo posible para buscar la fuente y reconocer el material protegido por derechos de autor, los editores ofrecen disculpas por cualquier incumplimiento accidental en los casos en que el derecho de autor haya sido imposible de encontrar. Estarán complacidos de llegar a un acuerdo idóneo con el propietario legítimo en cada caso.

Teacher Created Materials

5301 Oceanus Drive
Huntington Beach, CA 92649-1030
http://www.tcmpub.com
ISBN 978-1-4938-2955-2

Contenido

¿Qué ocurre en el parque infantil?

El parque infantil es mi lugar favorito en Greenville. Muchos niños de la zona han jugado allí durante años. El parque tiene un fabuloso juego para escalar. Por ello, cuando durante el fin de semana desapareció una parte del juego para escalar, me preocupé. Cuando algo más se perdió dos días después, me molesté. Cuando otra parte se perdió ayer, ¡me enojé!

Este era el parque de juegos infantiles antes de los crímenes. Después del primer crimen, ¡faltaba un tobogán!

La policía estaba ocupada con un montón de robos graves en la ciudad. No tenían suficiente tiempo para el caso del parque infantil. Entonces, Hebe y Horacio (los mellizos de la H) y yo, consideramos que era nuestra tarea ayudar a resolver el caso. Tendríamos que **investigar** la escena y recoger **evidencia** nosotros mismos.

La escena del crimen

La policía "**congela**" la escena de un crimen. Nadie tiene permitido acercarse a la escena. No puede ser alterada. La policía y los **investigadores forenses** fotografían la escena, recopilan datos y registran lo que ven.

Seis preguntas

—Seis preguntas —dijo Hebe, mientras observaba el juego para escalar dañado—. Eso es lo que tenemos que descubrir.

Horacio escribió las seis preguntas en su libreta de notas.

—Quién, qué, dónde, cuándo, por qué y cómo —dijo.

—Bueno, *dónde* es obvio. *Dónde* es aquí en el parque —dije—. Y *qué* también es obvio: faltan piezas del juego para escalar. Eso deja *quién*, *cuándo* y *cómo*.

Horacio miró su libreta de notas.

—Omitiste la más interesante: *por qué*. Necesitamos descubrir el **motivo**.

Seis preguntas

- ¿Quién?
- ¿Qué?
- ¿Dónde?
- ¿Cuándo?
- ¿Por qué?
- ¿Cómo?

—Hay otro *dónde* que debemos saber —dijo Hebe—. ¿*Dónde* están las piezas faltantes?

—Bueno, por ahora concentrémonos en *cómo* —sugerí—. Necesitamos realizar una importante recopilación de datos.

A los niños les encanta el parque de juegos. ¡Debemos actuar rápido!

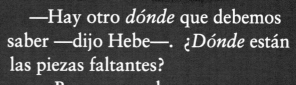

EXPLOREMOS LAS MATEMÁTICAS

El parque infantil es muy popular. Esta tabla de datos muestra la cantidad de niños que jugaron en el parque infantil durante un período de 2 semanas. Usa la tabla de datos para responder las preguntas.

Lun.	Mar.	Miér.	Jue.	Vier.	Sáb.	Dom.	Lun.	Mar.	Miér.	Jue.	Vier.	Sáb.	Dom.
16	18	15	12	14	45	17	11	13	16	15	14	12	13

a. ¿Cuál es la cantidad total de niños que jugaron en el parque infantil durante la primera semana?

b. ¿Cuántos niños más estuvieron en el parque el primer sábado que en el segundo sábado?

c. Sugiere una razón para esta diferencia.

d. ¿Cuál es el rango de los datos? *Pista*: El rango es la diferencia entre los valores mayores y menores en un conjunto de datos. Puede resultarte útil poner los datos en orden del menor al mayor y luego, buscar el rango.

No tomó mucho tiempo descubrir cómo. Alguien había usado una **llave inglesa** para quitar los pernos de partes del marco. Faltaban tuercas y pernos. Habían raspaduras en la pintura. Estas raspaduras parecían nuevas. Se deben haber producido cuando se quitaron los pernos.

—Posiblemente haya pintura en la llave inglesa que se usó. Eso sería excelente evidencia —dijo Hebe.

EXPLOREMOS LAS MATEMÁTICAS

Cada mes, un encargado de mantenimiento del parque realiza una verificación de seguridad para garantizar que todas las piezas de los juegos del parque infantil tengan la cantidad correcta de pernos. Usa el gráfico para responder las siguientes preguntas.

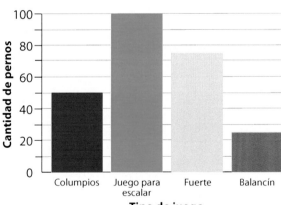

Pernos en los juegos del parque infantil

a. ¿Qué juego tiene la mayor cantidad de pernos?

b. En total, ¿cuántos pernos se necesitan en los 4 juegos?

c. El encargado de mantenimiento contó solo 45 pernos en los columpios. ¿Cuántos pernos nuevos necesitan los columpios?

Horacio encontró uno de los pernos en el suelo. Observó detenidamente el perno, pensando. De pronto, se puso de pie y brincó sobre su bicicleta. Se volteó y dijo:

—¡Esperen! Regreso enseguida.

Hebe y yo fruncimos el ceño mientras veíamos a Horacio salir corriendo. Ambos estábamos confundidos. Mientras esperábamos, buscamos más evidencia en el parque.

Qué hacer con los datos

La policía y los investigadores forenses recopilan datos, o evidencia, en la escena de un crimen. Ponen cada trozo de evidencia en bolsas y recipientes separados. Luego sellan y rotulan las bolsas. La evidencia necesita mantenerse segura y organizada.

Hebe observó detenidamente el juego para escalar.

—Las huellas dactilares no ayudarían mucho —dijo Hebe, mientras se frotaba la barbilla—. Habría cientos de huellas de todos los que juegan aquí.

—Pisadas también —coincidí, revolviendo el suelo con mi puntera—. Debe haber miles de pisadas aquí.

Seguimos buscando pero no pudimos encontrar ningún dato útil para ayudar en el caso.

¿Huellas dactilares de quién?

Las huellas dactilares en la escena del crimen pueden pertenecer a la persona que **cometió** el crimen. Las huellas dactilares se pueden usar para **identificar** a las personas porque las huellas dactilares de todos son diferentes. Cada huella dactilar tiene **crestas** de piel que crean un diseño **único**.

Pronto Horacio regresó con una llave inglesa grande.

—Tratemos de sacar algo más del juego para escalar.

—¡No voy a **vandalizarlo!** —protesté.

—Confíen en mí —respondió Horacio con seguridad. Deslizó la llave inglesa alrededor de un perno que quedaba y trató de girarlo. No se movía. Dio un tirón más fuerte. Nada. Los tres agarramos y tratamos de girar el perno. Aún nada.

La tuerca y el perno que tratamos de girar

11

—Tal como lo pensé. Quien haya hecho esto debe ser fuerte
—dijo Horacio—. O él o ella usó herramientas eléctricas.

—La policía dijo que nadie escuchó nada —respondió
Hebe—. Las herramientas eléctricas serían ruidosas. Entonces,
¿quizá nuestro **sospechoso** es hombre?

—Posiblemente... —dije entre dientes.

Fue entonces cuando vi algunas huellas de neumático en la
tierra. Señalé y dije:

—No había notado esas antes.

Miré a los mellizos de la H.

—¿Cuánto pesaría el tobogán? —pregunté.

Horacio calculó:

—Setenta libras, quizás.

—Eso es bastante pesado —respondí—. Estas deben ser huellas de
neumáticos.

—Por supuesto, ¡un automóvil! —gritó Hebe—. Difícilmente se
puede llevar cargado un tobogán, ¿no es cierto?

—Entonces, nuestro sospechoso tiene licencia de conducir
—dijo Horacio.

La policía de Villamala encontró un grupo de huellas de neumáticos en la escena de un crimen. La policía buscó en su **base de datos** de huellas de neumáticos para intentar encontrar una coincidencia. Una coincidencia podría decirles de quién es el automóvil. Usa los datos de la tabla para responder las siguientes preguntas.

Posibles sospechosos

Sospechoso	Patrón de huellas de neumáticos	Tipo de neumático
Sr. A.	banda de rodadura ancha, líneas diagonales	automóvil
Sr. X.	banda de rodadura angosta, líneas entrecruzadas	camioneta
Sra. Y.	banda de rodadura ancha, líneas entrecruzadas	camioneta
Sr. N.	banda de rodadura angosta, líneas diagonales	automóvil
Sra. O.	banda de rodadura ancha, líneas diagonales	camioneta

a. Las huellas tenían bandas de rodadura anchas. ¿Qué sospechosos pueden eliminarse?

b. La investigación posterior mostró que las huellas también tenían líneas diagonales. ¿Qué sospechosos pueden eliminarse ahora?

c. Después de investigar los neumáticos, los investigadores descubrieron que las huellas fueron hechas por neumáticos de camioneta. ¿Quién es tu sospechoso más probable?

El plan

Al día siguiente almorzamos en el parque infantil. Hablamos sobre los datos que habíamos recopilado hasta ahora.

—Sabemos que es probable que se haya usado un automóvil —dijo Hebe.

—Sabemos que hubo 3 distintos robos —dijo Horacio.

—Cada robo ocurrió con un intervalo de 2 noches. Eso puede ser un patrón —añadí.

—Han pasado 2 días desde el último robo, ¡así que puede haber otro robo esta noche! —gritaron los mellizos de la H.

Datos recopilados hasta ahora

- Probablemente se usó un automóvil

- 3 distintos robos

- Cada robo ocurrió con un intervalo de 2 noches

Hicimos un plan. Acordamos que una **vigilancia** del parque durante toda la noche era la mejor idea. Pero sabíamos que nuestros padres no lo permitirían. Entonces decidimos que nuestra mejor oportunidad de resolver el caso era conseguir unas huellas de neumáticos que fueran claras. Si se llevaran más partes de juegos esta noche, entonces habría huellas frescas para nosotros en la mañana.

EXPLOREMOS LAS MATEMÁTICAS

Es importante mostrar los datos claramente. Estos dos gráficos muestran los mismos datos. Ambos muestran el porcentaje de diferentes crímenes que ocurren en Villamala durante la noche. Usa los datos para responder las siguientes preguntas.

a. ¿Qué crimen tiene el porcentaje más alto?

b. ¿Cuáles 2 crímenes tienen el mismo porcentaje?

c. ¿Qué gráfico crees que muestra mejor los datos? Explica tus razones.

Crímenes en Villamala que ocurren durante la noche

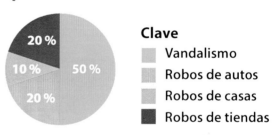

Clave
- Vandalismo
- Robos de autos
- Robos de casas
- Robos de tiendas

Crímenes en Villamala que ocurren durante la noche

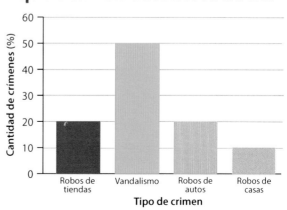

Más tarde ese día, preparamos el área alrededor del juego para escalar para recopilar datos frescos. Rastrillamos el suelo. Esto despejó todas las hojas y las huellas que ya estaban allí. Luego mojamos el suelo. Cualquier huella estaría más clara en un suelo húmedo. Entonces nos fuimos a casa para una tensa noche de espera.

EXPLOREMOS LAS MATEMÁTICAS

Muchas personas visitan el parque infantil. Este gráfico muestra la cantidad de personas que visitan el parque a ciertas horas entre semana. Usa los datos del gráfico para responder las siguientes preguntas.

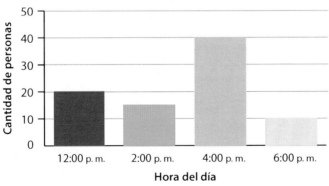

Visitantes del parque infantil

(Eje vertical: Cantidad de personas, 0 a 50. Eje horizontal: Hora del día — 12:00 p. m., 2:00 p. m., 4:00 p. m., 6:00 p. m. Valores: 12:00 p. m. = 20, 2:00 p. m. = 15, 4:00 p. m. = 40, 6:00 p. m. = 10.)

a. ¿Cuántos visitantes había en el parque a las 2:00 p. m.?

b. ¿Cuál es el rango de horarios en que las personas visitaron el parque?

c. La cantidad de visitantes fue mayor a las 4:00 p. m. Sugiere una razón para esto.

Nueva evidencia

Me reuní con los mellizos de la H en el parque infantil temprano a la mañana siguiente. Efectivamente, otra parte del juego para escalar había desaparecido. El patrón se había repetido.

Había algunas huellas de neumático grandes. ¡Estábamos muy entusiasmados! Las huellas eran lo suficientemente claras como para hacer un **molde**. Empezamos a trabajar con algo de **yeso**. También había muchas pisadas claras. Hicimos un molde de una de ellas también.

El molde de yeso de la huella del neumático que hicimos

Huellas de zapatos únicas

Las suelas de los zapatos a menudo tienen características, como las crestas, que las hacen diferentes. A medida que se desgastan las suelas, los cortes y raspaduras pueden hacer que las huellas de zapatos sean únicas.

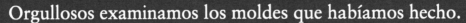

Orgullosos examinamos los moldes que habíamos hecho.

—Una cosa está clara —dijo Horacio—. Encontramos solo un conjunto de pisadas, así que solo había una persona. Y esa persona usaba algún tipo de botas de senderismo.

—Sí —dijo Hebe—. Y la persona es bastante grande. Mira el tamaño de la huella. Creo que estamos buscando a un adulto, o quizás a un adolescente.

Pies grandes

Los investigadores forenses examinan las huellas de zapato para averiguar el tamaño del zapato. A veces hasta pueden averiguar la marca del zapato.

—¡Miren! —señalé el suelo—. Es aceite. El automóvil tiene una gotera. Eso ayuda a limitar nuestra búsqueda. ¡Debemos encontrar un automóvil con una fuga de aceite y neumáticos que coincidan con nuestro molde!

Horacio levantó el molde de las huellas de automóvil. —Necesitamos hablar con Bruno.

Bruno Donato maneja la Tienda de Neumáticos de Bruno. El lema de la tienda es "Fanáticos de los neumáticos".

El aceite de automóvil que encontramos en el parque

19

Bruno nos da una pista

Bruno miró de cerca el molde de la huella de neumático.

—Buen neumático ese —dijo.

—¿Lo reconoce? —pregunté.

—Vamos —añadió—. ¡Estás hablando con Bruno! Es un Todoterreno T-1100. No vendo muchos de esos. El neumático tiene alrededor de 3,000 millas, así que es bastante nuevo. La persona conduce un camión y frena demasiado fuerte. Quien haya comprado estos sabe todo sobre neumáticos. Además, a la persona le gusta el regaliz.

Los tres lo miramos fijamente. Estábamos atónitos.

—¿Sabe todo eso? —Horacio tartamudeó.

Los neumáticos Todoterreno T-1100 se usan en vehículos grandes como camiones y en vehículos deportivos utilitarios.

—Sí —respondió seriamente Bruno.

—¿Pero cómo supo sobre el regaliz? —pregunté.

Bruno bebió un sorbo de su café y sonrió.

—¡Esa parte la inventé!

EXPLOREMOS LAS MATEMÁTICAS

Este gráfico muestra las ventas de diferentes neumáticos en la Tienda de Neumáticos de Bruno en un solo día. Usa los datos del gráfico para responder las siguientes preguntas.

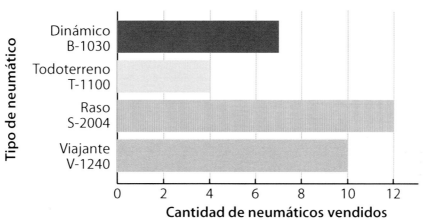

Ventas de neumáticos de Bruno

a. ¿Qué marca de neumático es la que mejor se vende?

b. ¿Cuántos neumáticos Todoterreno T-1100 vendió Bruno en 1 día?

c. Los neumáticos Viajante V-1240 se venden a $80 el neumático. ¿Cuánto dinero ganó Bruno al venderlos?

d. Bruno identificó que la huella del neumático era la del Todoterreno T-1100. Vendió la menor cantidad de estos neumáticos en un día. Menciona una razón por la que esto puede ayudar a que los niños resuelvan el caso.

Le contamos a Bruno todo sobre el caso del parque infantil. Incluso Bruno había jugado en el parque cuando era niño.

—Solíamos jugar al Rey de la jungla —dijo—. Me *encantaba* ese juego. Espero que encuentren a ese ladrón.

Bruno nos dio una lista de todos los que habían comprado los neumáticos Todoterreno en los últimos meses.

—Su sospechoso posiblemente esté en la lista. No le digan a nadie cómo lo descubrieron —susurró.

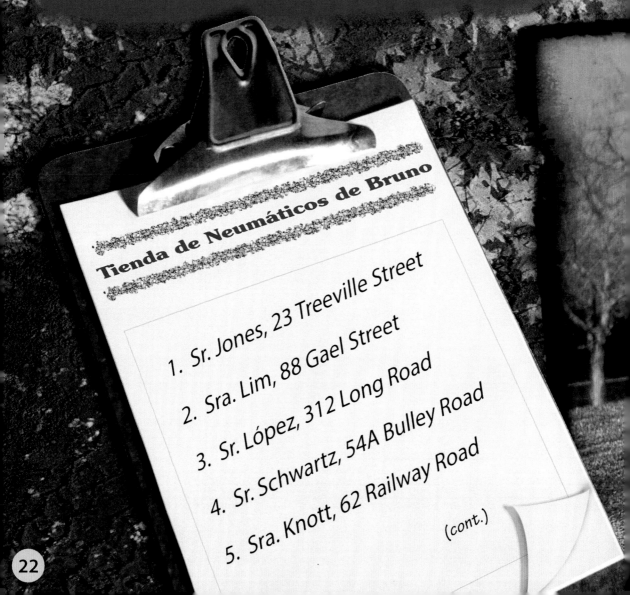

Tienda de Neumáticos de Bruno

1. Sr. Jones, 23 Treeville Street

2. Sra. Lim, 88 Gael Street

3. Sr. López, 312 Long Road

4. Sr. Schwartz, 54A Bulley Road

5. Sra. Knott, 62 Railway Road

(cont.)

La lista de Bruno tenía datos realmente valiosos. Pero las direcciones de sus clientes estaban esparcidas por toda la ciudad. Encontramos una manera **eficiente** de visitar las direcciones en nuestras bicicletas. Nos tomaría una eternidad. Solo esperábamos que pudiéramos encontrarnos por casualidad algo que fuera **dudoso**.

Pero después de 18 direcciones y un montón de millas en bicicleta más tarde, no habíamos encontrado nada útil. Estábamos cansados y teníamos solo un lugar más por visitar.

23

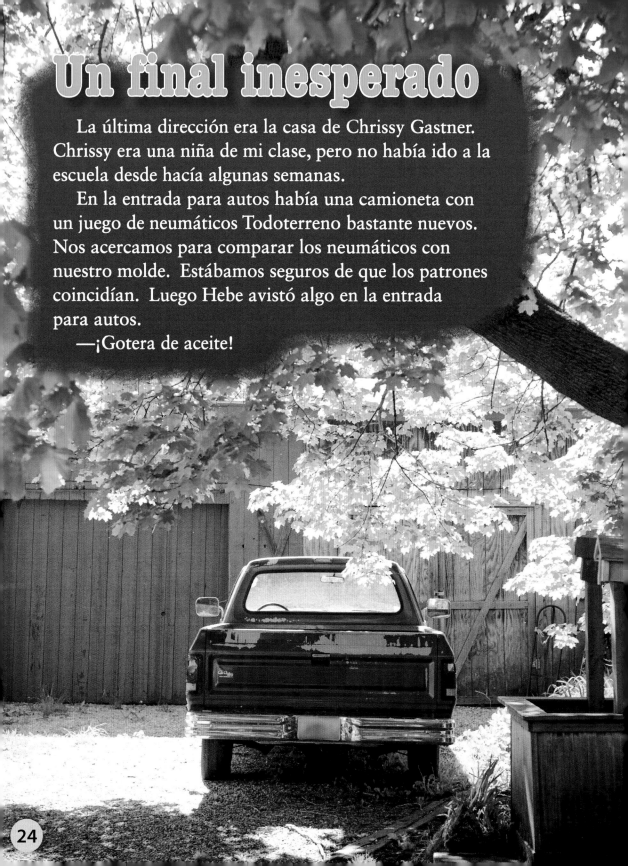

Un final inesperado

La última dirección era la casa de Chrissy Gastner. Chrissy era una niña de mi clase, pero no había ido a la escuela desde hacía algunas semanas.

En la entrada para autos había una camioneta con un juego de neumáticos Todoterreno bastante nuevos. Nos acercamos para comparar los neumáticos con nuestro molde. Estábamos seguros de que los patrones coincidían. Luego Hebe avistó algo en la entrada para autos.

—¡Gotera de aceite!

—Esto no tiene sentido —dijo Horacio—. Esta camioneta pertenece al hermano de Chrissy, Doug. Es un muchacho agradable. ¿Por qué robaría partes del juego para escalar?

Oímos un sonido metálico que venía del patio. Sonó como una llave inglesa que cae.

Miramos por encima de la cerca. Todo encajó. Allí estaba Doug volviendo a unir las partes de los juegos, usando botas de senderismo. Parecía que las botas coincidirían con nuestro molde.

Cómo encontrar un sospechoso

La mayoría de los criminales dejan evidencia, como huellas. ¡Pero también pueden llevarse evidencia de la escena de un crimen! Cuando la policía encuentra un sospechoso, puede buscar tierra en la ropa y el vehículo del sospechoso. Puede encontrar tierra o rocas que coincidan con las de la escena del crimen.

Un investigador forense recoge tierra del zapato de un sospechoso.

—¡Eh, Doug! —lo llamé.

Saltó. Y después hizo algo extraño. Lloró.

Luego nos contó toda la historia. Chrissy estaba muy enferma en el hospital.

—A ella le encanta el juego para escalar —dijo Doug—. Pensé que si lo veía cuando llegara a casa, la ayudaría a mejorar. Iba a devolverlo.

Hablamos con la policía y el concejo de la ciudad. Doug pidió disculpas y aceptó que lo que había hecho estaba mal. La policía dijo que Doug tendría que hacer algo de servicio a la comunidad.

EXPLOREMOS LAS MATEMÁTICAS

Doug tuvo que hacer 80 horas de servicio a la comunidad. El gráfico circular muestra la cantidad de tiempo que Doug empleó en diferentes trabajos. Usa los datos para responder las siguientes preguntas.

a. ¿Cuántas horas pasó Doug entregando comestibles?

b. ¿Cuántas horas combinadas pasó Doug recogiendo basura y pintando asientos de paradas de autobuses?

c. "Doug pasó más tiempo cuidando jardines de hospitales que pintando asientos en paradas de autobuses".

¿Estás de acuerdo con este enunciado? Usa los datos del gráfico para fundamentar tu respuesta.

Porcentaje de horas que Doug pasó en diferentes trabajos

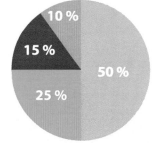

Clave

- Cuidar jardines de hospitales
- Entregar comestibles
- Pintar asientos de paradas de autobús
- Recoger basura

Los miembros del concejo fueron comprensivos. También lo fue nuestra comunidad de Greenville. Realizamos una colecta para recaudar fondos y pudimos reunir suficiente dinero para comprar un nuevo juego para escalar para Chrissy.

Cuando Chrissy llegó a casa, el nuevo juego estaba en su patio para ayudarla a mejorarse.

¡Caso cerrado!

Gemas robadas

En Villaladrón se robaron unas gemas preciosas de una joyería. Los investigadores de la escena del crimen saben que el criminal entró a través de una ventana pequeña en la parte trasera de la joyería. La ventana está a algo más de 7 pies sobre el suelo. Mide 24 pulgadas de ancho y 24 pulgadas de alto. Encontraron una muestra de sangre del grupo O. Sin embargo, no había ninguna escalera que el ladrón pudiera haber usado para trepar a la ventana.

Esta tabla es el archivo de datos de posibles sospechosos.

Sospechosos	Estatura	Peso (libras)	Contextura	Grupo sanguíneo
Sr. J.	6 ft 4 in	240	grande	O
Sr. S.	4 ft 1 in	120	delgada	O
Sra. M.	5 ft 3 in	200	sólida	A
Sra. D.	6 ft 2 in	135	delgada	O
Sr. M.	6 ft 2 in	185	promedio	B
Sra. P.	4 ft 4 in	130	rolliza	O
Sra. T.	5 ft 1 in	125	promedio	AB

¡Resuélvelo!

a. ¿Qué sospechoso probablemente cometió el crimen?

b. Menciona razones que expliquen tu respuesta.

Usa los siguientes pasos como ayuda para encontrar los datos que justifiquen tus respuestas.

Paso 1: Se encuentra una muestra de sangre del grupo O en la escena del crimen. Haz una lista de los sospechosos más probables con base en esta información.

Paso 2: La ventana está a algo más de 7 pies sobre el suelo. Ya que no había escaleras, tacha los sospechosos que crees que no podrían haber alcanzado la ventana por sí mismos. Explica tu respuesta.

Paso 3: La ventana solo mide 24 pulgadas de ancho y 24 pulgadas de alto. Observa los datos de la contextura y el peso de cada sospechoso en tu lista. Tacha el sospechoso que crees que no podría haber cabido a través de la ventana. Explica tu respuesta.

Paso 4: Observa la lista de nombres. ¿Qué nombre queda? Este nombre es tu principal sospechoso.

Glosario

base de datos: un programa informático que se usa para almacenar información

cometió: llevó a cabo

congela: preserva (se asegura de que nada cambie)

crestas: finas líneas elevadas

dudoso: no correcto; que puede tener algo que ver con el crimen

eficiente: la mejor manera de hacer algo con la mínima cantidad de esfuerzo

evidencia: información que puede ayudarte a decidir si algo es verdadero o falso

identificar: averiguar quién es alguien

investigadores forenses: personas que buscan evidencia que ayudará a que la policía averigüe quién cometió un crimen

investigar: examinar o estudiar detenidamente

llave inglesa: una herramienta ajustable para girar tuercas y pernos

molde: una figura moldeada hecha de yeso u otro material

motivo: una razón para hacer algo

sospechoso: una persona que la policía cree que puede haber cometido un crimen

único: uno solo de su tipo

vandalizarlo: dañarlo o destruirlo a propósito

vigilancia: un período donde observas algo o a alguien detenidamente

yeso: una mezcla de cal, arena y agua que se endurece al secar

Índice

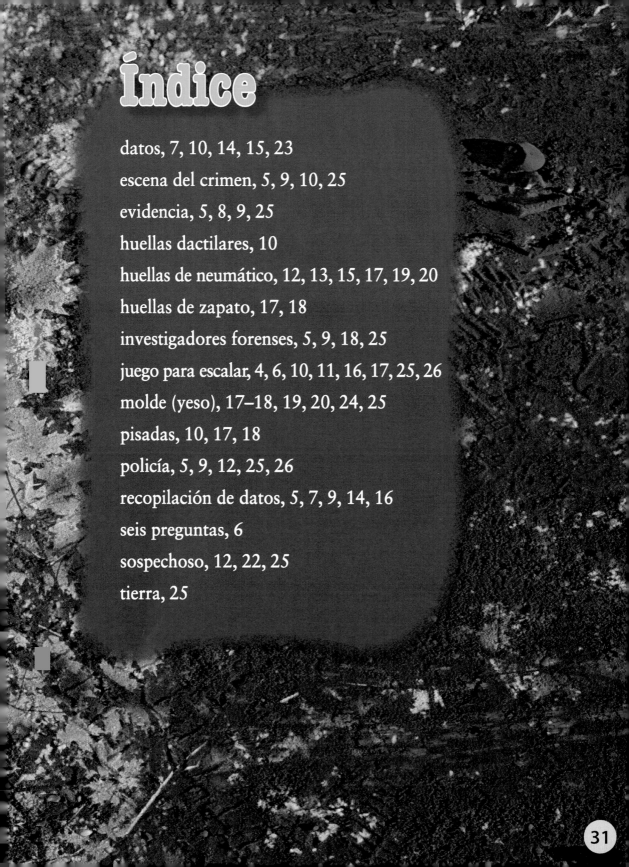

Exploremos las matemáticas

Página 7:

a. 137 niños

b. 33 niños más

c. Las respuestas variarán, pero podrían incluir que hubo una fiesta de cumpleaños en el parque o que era un día soleado.

d. 45 − 11 = 34. El rango es de 34 niños.

Página 8:

a. El juego para escalar

b. 50 + 100 + 75 + 25 = 250 pernos

c. 5 pernos nuevos

Página 13:

a. Sr. X. y Sr. N.

b. Sra. Y.   **c.** Sra. O.

Página 15:

a. vandalismo

b. robo de tiendas y robo de automóviles

c. Las respuestas variarán, pero los gráficos circulares son apropiados para mostrar los porcentajes o las partes de un todo.

Página 16:

a. 15 visitantes

b. 12:00 p. m. a 6:00 p. m. = 6 horas
El rango es de 6 horas.

c. Las respuestas pueden variar, pero podrían incluir el hecho de que la escuela ha terminado por el día y que los niños están jugando.

Página 21:

a. Raso S-2004

b. 4 neumáticos

c. 10 x $80.00 = $800.00

d. Las respuestas pueden variar, pero podrían incluir el hecho de que limita la lista de sospechosos porque no era el neumático más popular vendido.

Página 26:

a. Entregar comestibles: 25 % de 80 horas = 20 horas

b. Recoger basura: 10 % de 80 horas = 8 horas
Pintar asientos en paradas de autobuses: 15 % de 80 horas = 12 horas
8 horas + 12 horas = 20 horas combinadas

c. Las respuestas variarán, pero deben concordar con el enunciado. El gráfico muestra que Doug pasó 50 % de su tiempo cuidando jardines de hospital y solo el 15 % del tiempo pintando asientos en paradas de autobuses.

Actividad de resolución de problemas

a. La Sra. D. probablemente cometió el robo.

b. La Sra. D. tiene sangre del grupo O. Mide más de 6 pies de estatura; ella podría llegar a la ventana sin la escalera. Tiene una contextura delgada; podría haberse introducido con facilidad a través de la ventana pequeña.

Paso 1: Sr. J., Sr. S., Sra. D. y Sra. P.

Paso 2: Los sospechosos Sr. S. y Sra. P. pueden tacharse de la lista. Ambos son demasiado bajos para llegar a la ventana y entrar a través de ella.

Paso 3: El sospechoso Sr. J. tiene una contextura grande. Probablemente no podría haber cabido a través de la ventana.

Paso 4: En la lista queda la sospechosa Sra. D.